# 마법한글딱지

**3** 소리 폭포에서 받침 없는 글자를 읽고 쓰다

글·그림 재미씨

재미씨

# 감수의 글

　한글은 자음과 모음의 모양과 소리를 정확히 알고 두 소리가 합쳐지는 원리만 깨달으면 쉽게 익힐 수 있는 소리글자입니다. 『마법한글딱지』는 한글의 과학적인 소리 결합 원리와 이미지 연상법을 적용하여 만화를 보면 저절로 글자를 기억하고 읽을 수 있습니다.

　아이가 한글에 호기심을 보일 때, 『마법한글딱지』를 곁에 두고 하루 5분씩 읽어 주세요. 아이들은 다양한 그림이 나오는 만화책을 좋아해 스스로 반복해서 읽으며 큰 재미를 느낍니다. 처음에는 글자를 읽는 척 흉내 내다가 점점 또박또박 읽는 놀라운 변화를 경험하게 됩니다. 만화책으로 책 읽기에 흥미를 가진 아이들은 읽는 것을 즐거워하게 되고 독서가 습관이 됩니다.

　아이들이 쉽고 재미있게 한글을 배워 좋은 책들을 많이 읽으며 자라길 바랍니다.

재미씨

# 자음과 모음을 합쳐 글자를 읽는 방법

①  가 보이면 스마트 기기로 QR 코드를 비추세요.
자음과 모음의 소리를 합쳐 하나의 음절로 읽는 과정을
애니메이션으로 볼 수 있어요!

② 글자 읽는 방법 바로 보기

# 이 책을 읽는 방법

## 1. 하루에 2개씩 읽어요.

아이의 상황에 맞게 더 빠르거나, 더 천천히 읽어 주세요.

| 1일 | 2일 | 3일 | 4일 | 5일 | 6일 | 7일 |
|---|---|---|---|---|---|---|
| 아-이 | 나-니 | 라-리 | 바-비 | 자-지 | 카-키 | 파-피 |
| 가-기 | 다-디 | 마-미 | 사-시 | 차-치 | 타-티 | 하-히 |

## 2. 소리 내어 따라 읽어요.

이 책은 한글 창제의 원리대로 글자의 소리에 집중하여 만들었어요. 만화 속 캐릭터가 소리를 안내할 때마다 크게 소리 내어 따라 읽도록 지도해 주세요. 글자를 소리 내어 읽는 것이 가장 효과적인 한글 떼기 방법이에요.

## 3. 글자 읽는 과정을 생생하게 보고 들어요.

글자 읽는 방법을
애니메이션으로
볼 수 있어 아이가 스스로
글자를 읽을 수 있어요.

## 4. 메타인지 학습을 해요.

배운 글자를 다양한 퀴즈로
풀어 보며 글자를 정확하게
인지하고 넘어가요.

5

# 주인공 소개

# 풍이

재미있는 책을 많이 읽는 것이 꿈이에요.
그래서 한글을 배우는 일이라면
뭐든지 씩씩하게 도전해요.
쑥과 마늘을 먹고 머리카락이 생겼어요.

# 워리

3년 동안 서당에서 어깨너머로
한글을 배웠어요.
언제나 풍이의 곁을 든든하게
지키며 한글을 뗄 수 있게
도와주는 친구예요.

# 차례

13

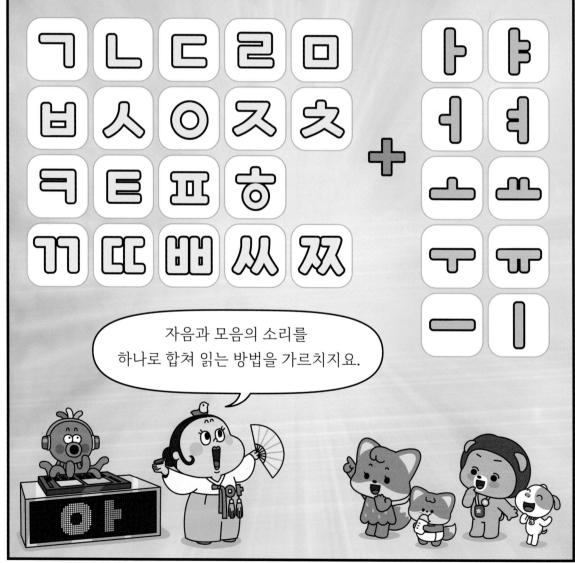

그걸 알면 글자를 읽을 수 있거든요!

우와! 신난다!

쏴아아~

그런데, 왜 폭포로 오라고 했을까요?

시원해서요!

놀려고요!

시원하게 노는 것도 좋지만!

폭포 소리보다 더 크게 소리 내어 연습해야, 한글을 더 빨리 깨우칠 수 있거든요!

차앗!

글자를 크게 소리 내어 읽는 것이 가장 효과적인 한글 떼기 방법이에요!

폭포 소리보다 더 크게 소리 낼 수 있나요?

네네! 선생님!

그럼, 글자 읽기 시작! 뿌뿌~~

자음 ㅇ에 모음 합쳐 읽기!

ㅇ ㅏ ㅑ ㅓ ㅕ ㅗ
ㅛ ㅜ ㅠ ㅡ ㅣ

ㅇ은 첫소리가 없어서!

지도 가이드

초성(첫소리)에 쓰이는 ㅇ (이응)은 음가가 없어서 '첫소리가 없다'라고 배워요.

# ㅏ ㅑ ㅓ ㅕ ㅗ ㅛ ㅜ ㅠ ㅡ ㅣ

모음만 읽어도 아야어여오요우유으이

# 아 야 어 여 오 요 우 유 으 이

ㅇ을 합쳐 읽어도 아야어여오요우유으이

다 같이
큰 목소리로
따라 읽어
보세요!

아야어여오요우유으이

켁! 켁!

으아아앙!

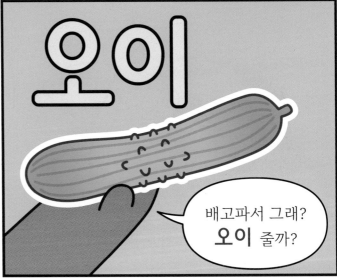

조금만 기다려.
마법으로 **우유**를 만들어 줄게.

나와라! 우유!

어?
왜 안 되지?

조~용

으아앙!

자, 잠깐만!

얼른 나와라!
우유!

으아앙!~

그건 글자를 써야
마법이 이뤄지는 딱지예요!

어! 정말
모양이 다르네!

글자를 배웠으니,
쓸 수도 있겠죠?

당연하죠!

꼬덕!

우유

아래 낱말을 소리 내어 읽고,
그림에서 찾아 ⭕해 보세요.

오이 우유 요요

23

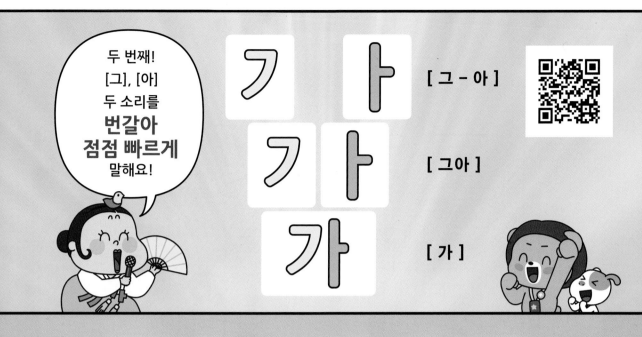

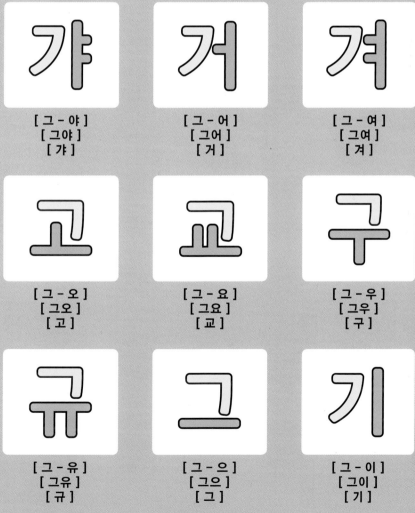

보기

고기
[그 - 오] [그 - 이]
[그오]   [그이]
[고]     [기]

보기 와 같이 낱말을 읽고 알맞은 그림에 연결해 보세요.

야구 ·

가구 ·

아기 ·

28

난 너구리야!

나이는 10살.

나이

나보다 **누나**네.

누나

풍이야, 이번에 해결할 과제가 무엇인지 궁금하지?

응!

저걸 타고 강을 건너는 거야!

야호!
완전 식은 죽 먹기잖아!

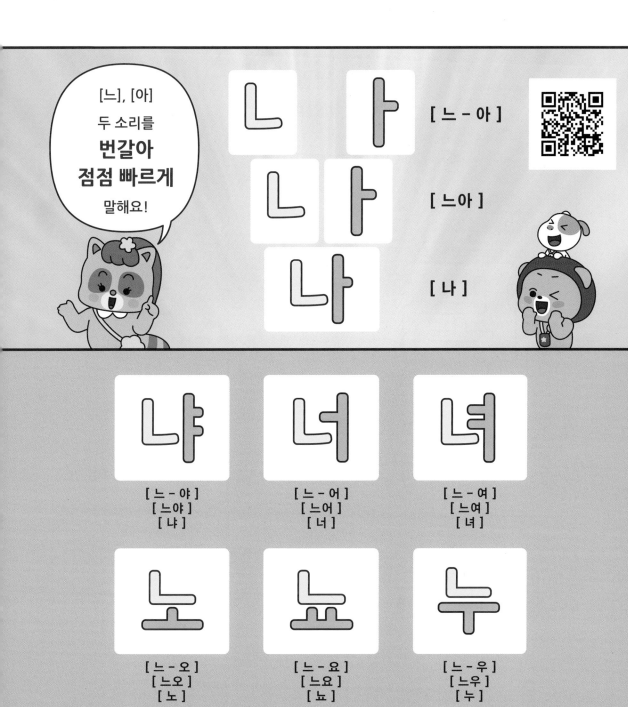

ㄴ ㅏ　[ 느 - 아 ]

ㄴ ㅏ　[ 느아 ]

나　[ 나 ]

냐
[ 느 - 야 ]
[ 느야 ]
[ 냐 ]

너
[ 느 - 어 ]
[ 느어 ]
[ 너 ]

녀
[ 느 - 여 ]
[ 느여 ]
[ 녀 ]

노
[ 느 - 오 ]
[ 느오 ]
[ 노 ]

뇨
[ 느 - 요 ]
[ 느요 ]
[ 뇨 ]

누
[ 느 - 우 ]
[ 느우 ]
[ 누 ]

뉴
[ 느 - 유 ]
[ 느유 ]
[ 뉴 ]

느
[ 느 - 으 ]
[ 느으 ]
[ 느 ]

니
[ 느 - 이 ]
[ 느이 ]
[ 니 ]

 배운 대로 따라 읽어 보세요!

풍이야, 이 낱말을 읽고
몸으로 표현해 봐!

낱말을 읽고 알맞게 표현한 것끼리 짝 지어 보세요.

나 •    • 

너 •    • 

누나 •    •

온통 넝쿨 뿐이고 길이 없는데?

걱정 마, 내가 파 놓은 길이 있어.

짜잔!

우와! 어떻게 이런 멋진 길을 만들었어?

**도구**를 사용했지.

도구

비록 옷은 **누더기**가 됐지만….

누더기

여길 봐! 다음 폭포로 가는 길 표시야!

올바른 순서대로 가려면 자음 ㄷ과 모음을 합쳐 읽는 방법을 알아야 해.

준비됐어?

응! 응!

ㄷ의 소리는?

드

ㅏ의 소리는?

아

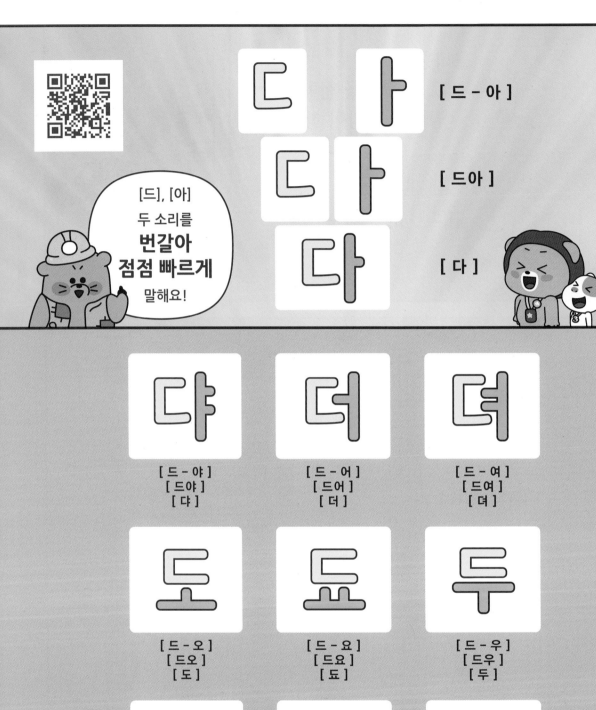

[ 드 - 아 ]

[ 드아 ]

[ 다 ]

[드], [아]
두 소리를
**번갈아**
**점점 빠르게**
말해요!

[ 드 - 야 ]
[ 드야 ]
[ 야 ]

[ 드 - 어 ]
[ 드어 ]
[ 더 ]

[ 드 - 여 ]
[ 드여 ]
[ 뎌 ]

[ 드 - 오 ]
[ 드오 ]
[ 도 ]

[ 드 - 요 ]
[ 드요 ]
[ 됴 ]

[ 드 - 우 ]
[ 드우 ]
[ 두 ]

[ 드 - 유 ]
[ 드유 ]
[ 듀 ]

[ 드 - 으 ]
[ 드으 ]
[ 드 ]

[ 드 - 이 ]
[ 드이 ]
[ 디 ]

 배운 대로 따라 읽어 보세요!

# 다 댜 더 뎌 도 됴 두 듀 드 디

☆ **다 ~ 디** 의 순서대로 땅속을 빠져나와요. ☆

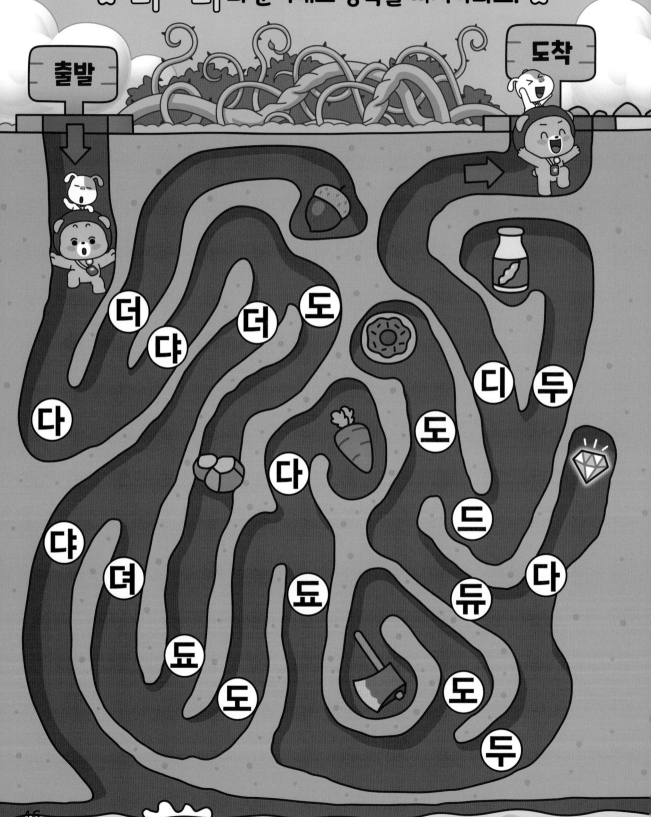

라

라 폭포 도착!

라
라라리려로
루루류르리

고생했다 다리야.

다리

무슨 놀이하는지 구경 가자!

끄덕

그럼, 끝말잇기로 결정!

벌칙은 뭐가 좋을까?

엉덩이로 이름 쓰기!

좋아! 나부터 시작할게!

여우 → 우유 → 유리

다시 내 차례!
**리** 자로 시작하는 말….

꿍…

3, 2, 1 땡!

펙…

걸렸다! 엉덩이로
이름 쓰기!

씰룩~

오리

오리야,
너무 웃겨!

씰룩~

하하하!

풍이야, 우리도
끝말잇기 하자!

얘들아 우리도
끼워 줄래?

좋아!

끝말잇기를 하려면
자음 ㄹ과 모음을 합쳐 읽는
방법을 알아야 해.

합쳐 읽기
시작!

ㄹ의
소리는?

ㄹ

ㅏ의
소리는?

아

51

  [ 르 - 아 ]

  [ 르아 ]

[르], [아]
두 소리를
**번갈아
점점 빠르게**
말해요!

 [ 라 ]

[ 르 - 야 ]
[ 르야 ]
[ 랴 ]

[ 르 - 어 ]
[ 르어 ]
[ 러 ]

[ 르 - 여 ]
[ 르여 ]
[ 려 ]

[ 르 - 오 ]
[ 르오 ]
[ 로 ]

[ 르 - 요 ]
[ 르요 ]
[ 료 ]

[ 르 - 우 ]
[ 르우 ]
[ 루 ]

[ 르 - 유 ]
[ 르유 ]
[ 류 ]

[ 르 - 으 ]
[ 르으 ]
[ 르 ]

[ 르 - 이 ]
[ 르이 ]
[ 리 ]

  배운 대로 따라 읽어 보세요!

예시 처럼 모음을 채워 넣어
끝말잇기를 완성해 보세요.

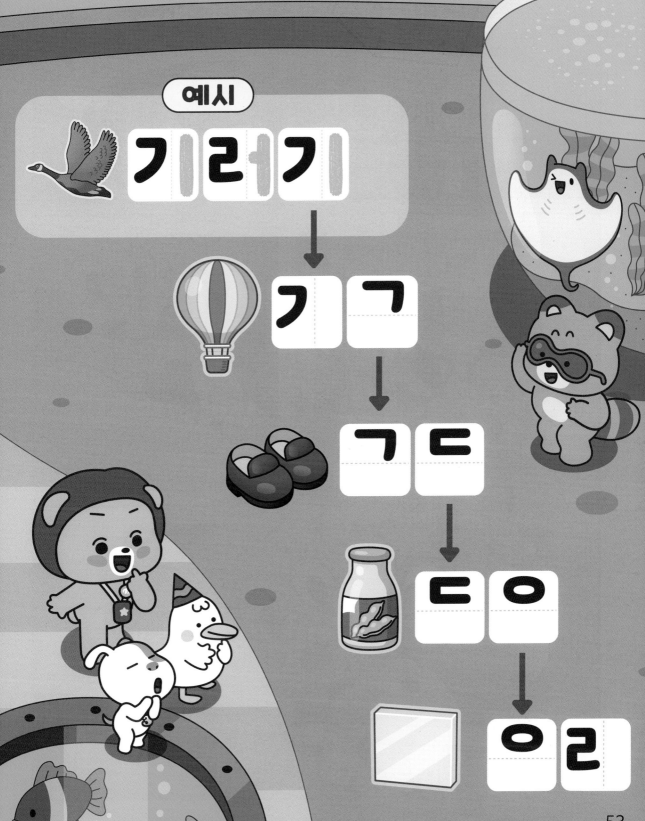

예시

기러기

ㄱㄱ

ㄱㄷ

ㄷㅇ

ㅇㄹ

재밌게 놀다 보니 벌써 가야 할 시간이야.

이건 힌트야. 가다가 절벽이 나오면 사용해. 과제 해결에 도움이 될 거야!

잘 가!

고마워, 잘 쓸게!

그런데 이런 곳에 절벽이 있을까?

으악! 진짜 절벽이 있네!

띠용~

너구리 오리 가오리

힌트를 봐야겠어! 너구리, 오리, 가오리?

이 세 낱말의 공통점이 뭘까?

아하! '리' 자로
끝나는 말!

딱!

이거면 절벽을
건널 수 있지!

다리

나와라!
다리!

다리

미안, 나도 **유리 다리**가
나올 줄은 몰랐어.

무서워!

마 폭포

휘이잉~

이번 과제는 글자를 잘못 선택할 경우!

**거미**

**거미** 골짜기로 가게 돼 있어.

**마녀**

이 **마녀**가 저주를 걸어 놨거든!

게임 방법은 간단해. **미로** 속 그림을 보고 올바른 이름이 적힌 곳으로 가는 거야.

라마    라먀

한글 퀴즈라면 자신 있지!

58

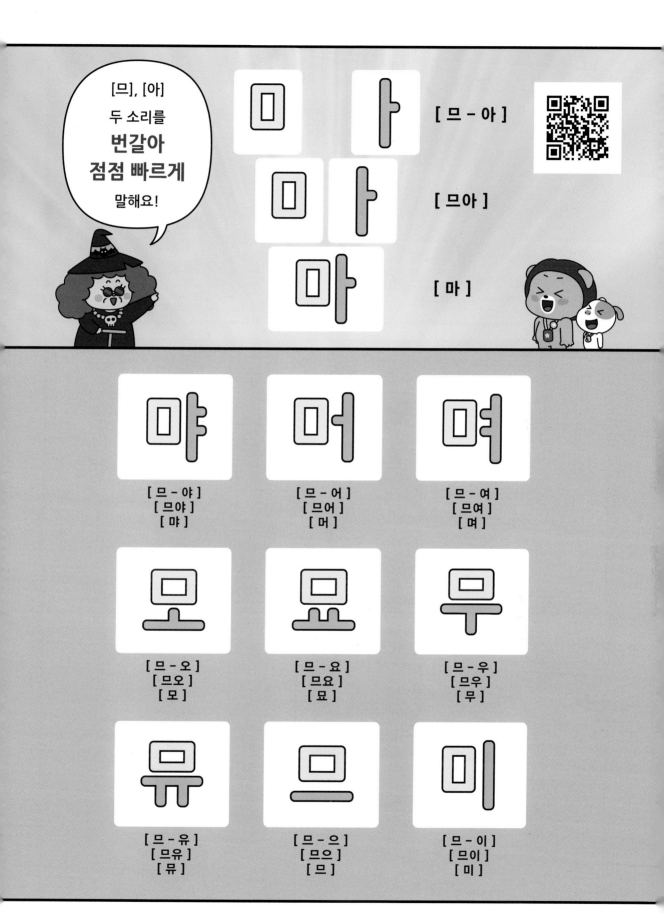

배운 대로 따라 읽어 보세요!

그럼, 첫 번째 문제 시작!

헤헤, 쉽다! 라마!

라마

라마    라먀

왼쪽이야!

영차! 영차!

어? 모기야!

모기

에에엥~

이마에 앉았어!

이마

내가 잡을게!

뻑!

표지판을 읽으려면 자음 ㅂ과 모음을 합쳐 읽는 방법을 알아야 해.

합쳐 읽기 시작!

ㅂ의 소리는?

브

ㅏ의 소리는?

아

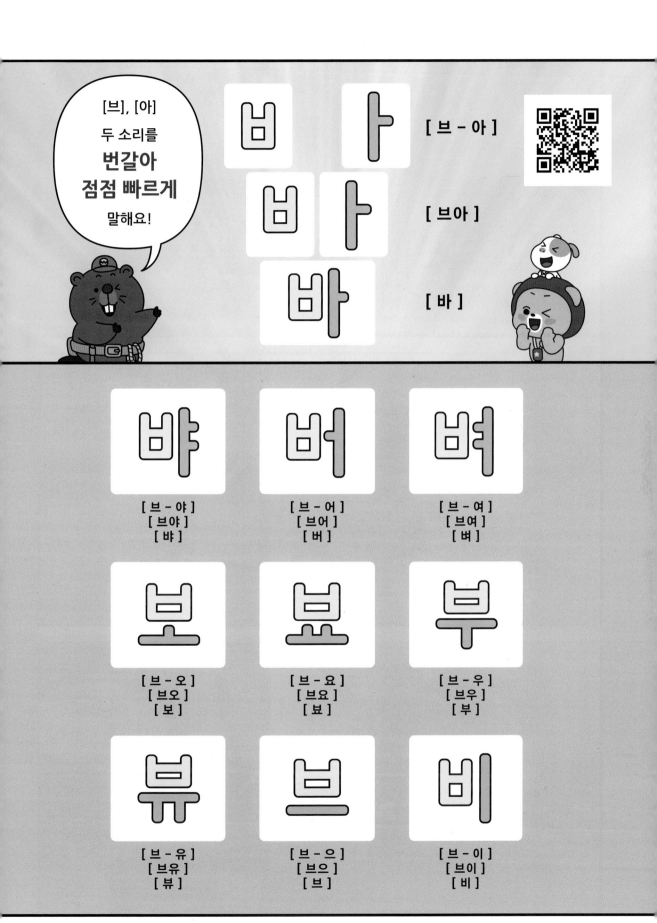

갑자기 비가 와!

비

얘들아, 우리 집으로 가자!

쿵! 쿵! 요란하게도 부딪히는군!

쿵!

쿵!

활짝~

집을 좀 손봐야겠어!

비버야, 우리도 도울게.

그런데, 꼬질꼬질 더러워졌네~

그건 풍이한테 맡겨!

나와라! 비누!

비누

보글보글~ 비누 거품으로 깨끗하게 변신!

얘들아, 다음 과제도 성공하길 바랄게!

고마워!

그림 순서에 알맞은 표지판을 선택해 강을 건너세요.

출발

비버

비누

어부

아빠

바나나

바구니

보라

보리

뼈

뼈

나무

나비

도착

[스], [아]
두 소리를
**번갈아
점점 빠르게**
말해요!

  [ 스 - 아 ]

  [ 스아 ]

사 [ 사 ]

[ 스 - 야 ]
[ 스야 ]
[ 샤 ]

[ 스 - 어 ]
[ 스어 ]
[ 서 ]

[ 스 - 여 ]
[ 스여 ]
[ 셔 ]

[ 스 - 오 ]
[ 스오 ]
[ 소 ]

[ 스 - 요 ]
[ 스요 ]
[ 쇼 ]

[ 스 - 우 ]
[ 스우 ]
[ 수 ]

[ 스 - 유 ]
[ 스유 ]
[ 슈 ]

[ 스 - 으 ]
[ 스으 ]
[ 스 ]

[ 스 - 이 ]
[ 스이 ]
[ 시 ]

 배운 대로 따라 읽어 보세요!

낱말을 읽고 순서대로 재료를 사 오세요.

소라 ➡ 사이다 ➡ 무 ➡ 두부 ➡ 소스

출발

도착

76

자, 이제 요리를 시작해 볼까!

소라를 구워서

소라

특별 소스를 뿌리고!

소스

두부를 노릇노릇 부치면 요리 완성!

치이~

사이다

냠냠

목 메니까 사이다도 마셔!

정말 최고의 요리였어!

고마워.

두더지 굴에 빠질 수도 있고

두더지

사자를 만날 수도 있거든.

사자

누가 말하는 거야?

설마, 저 바가지?

바가지

어! 바가지가 아니라, 거북이 네가 말했구나!

빼꼼

근데, **자라**야!
넌 안전한 길을 알아?

지도

당연하지!
안전한 길이 표시된
**지도**도 만들었거든.

자,
받아!

자 폭포
안전지도

척!

이 **지도**라면
문제없겠어!

엥?
이게 뭐야?

만약을 대비해
내가 암호를
걸어 놨거든.

후훗!

85

걱정 마!
자음 ㅈ과 모음을 합쳐 읽는 방법을 알면 지도의 암호를 풀 수 있어.

ㅈ + ㅏ ㅑ ㅓ ㅕ ㅗ ㅛ ㅜ ㅠ ㅡ ㅣ

합쳐 읽기 시작!

ㅈ의 소리는?

즈

ㅏ의 소리는?

아

[ 즈 - 아 ]

[ 즈아 ]

[ 자 ]

두 소리를
**번갈아
점점 빠르게**
말해요!

[즈], [아]

| | | |
|---|---|---|
| **쟈** | **저** | **져** |
| [ 즈 - 야 ] | [ 즈 - 어 ] | [ 즈 - 여 ] |
| [ 즈야 ] | [ 즈어 ] | [ 즈여 ] |
| [ 쟈 ] | [ 저 ] | [ 져 ] |
| **조** | **죠** | **주** |
| [ 즈 - 오 ] | [ 즈 - 요 ] | [ 즈 - 우 ] |
| [ 즈오 ] | [ 즈요 ] | [ 즈우 ] |
| [ 조 ] | [ 죠 ] | [ 주 ] |
| **쥬** | **즈** | **지** |
| [ 즈 - 유 ] | [ 즈 - 으 ] | [ 즈 - 이 ] |
| [ 즈유 ] | [ 즈으 ] | [ 즈이 ] |
| [ 쥬 ] | [ 즈 ] | [ 지 ] |

배운 대로 따라 읽어 보세요!

보기 처럼 암호를 풀어 알맞은 길을 선택해 가세요.

보기

| ☽ | ☀ | ◑ | ◎ | ■ | ▼ |
|---|---|---|---|---|---|
| ス | ㅁ | ㅜ | ㅓ | ㅣ | ㄴ |

→

| ☽◑ | ☀◎ | ▼■ |
|---|---|---|
| 주 | 머 | 니 |

출발

| □ | △ | ☆ | ♡ | ● |
|---|---|---|---|---|
| ㄹ | ス | ㅜ | ㄷ | ㅏ |

| △●  | ♡☆ |
|---|---|
|   |   |

| ☆ | ☽ | ✦ |
|---|---|---|
| ㄱ | ㅅ | ㅏ |
| □ | ● | ○ |
| ㅣ | ㅡ | ス |

| ☆✦ | ○□ |
|---|---|
|   |   |

| 1 | 2 | 3 |
|---|---|---|
| ㅡ | ス | ㅅ |
| 4 | 5 | 6 |
| ㅜ | ㅗ | ㅏ |

| 24 | 31 |
|---|---|
|   |   |

도착

89

'고' 자로 시작하니까, 고기처럼 맛있겠지?

고추맛

헙!

으악! 고추잖아!

고추

음, 아직 자음 ㅊ과 모음을 합쳐 읽을 줄 모르는군!

그걸 어떻게 아셨어요?

자음 ㅊ과 모음을 합쳐 읽을 줄 알았다면, 매운 고추 대신 고소한 치즈를 골랐겠죠.

치즈

오호! 날카로운 추리네요!

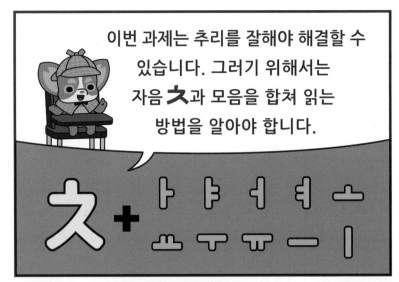

이번 과제는 추리를 잘해야 해결할 수 있습니다. 그러기 위해서는 자음 ㅊ과 모음을 합쳐 읽는 방법을 알아야 합니다.

ㅊ + ㅏ ㅑ ㅓ ㅕ ㅗ ㅛ ㅜ ㅠ ㅡ ㅣ

합쳐 읽기 시작!

ㅊ의 소리는?

츠

ㅏ의 소리는?

아

[ 츠 - 아 ]

 [ 츠아 ]

 [ 차 ]

|  |  |  |
|---|---|---|
| [ 츠 - 야 ]<br>[ 츠야 ]<br>[ 챠 ] | [ 츠 - 어 ]<br>[ 츠어 ]<br>[ 처 ] | [ 츠 - 여 ]<br>[ 츠여 ]<br>[ 쳐 ] |
|  |  | |
| [ 츠 - 오 ]<br>[ 츠오 ]<br>[ 초 ] | [ 츠 - 요 ]<br>[ 츠요 ]<br>[ 쵸 ] | [ 츠 - 우 ]<br>[ 츠우 ]<br>[ 추 ] |
|  |  |  |
| [ 츠 - 유 ]<br>[ 츠유 ]<br>[ 츄 ] | [ 츠 - 으 ]<br>[ 츠으 ]<br>[ 츠 ] | [ 츠 - 이 ]<br>[ 츠이 ]<br>[ 치 ] |

 배운 대로 따라 읽어 보세요!

치와와 탐정님의 추리하는 모습을 보시겠습니다.

   보리차

보리랑 물이라…. 이 둘로 만들 수 있는 건 바로 보리차!

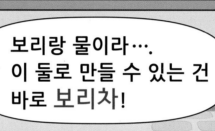

그림에 어울리는 것을 추리하여 줄로 이으세요.

 · ·  사다리차

 · ·  마차

 · ·  초

이제 추리하는 방법을 알겠어요! 감사합니다!

이건 탐정님께 드리는 특별 선물이에요.

나와라! 유모차!

유모차

내가 어른이긴 하지만 너무 편하고 좋은걸!

자, 이제 과제를 추리해 보세요!

과제

그림을 보고 다음 폭포까지 타고 갈 것이 무엇인지 맞혀 보세요.

기회는 단 한 번뿐! 정답을 맞혀야만 저 커튼이 열립니다.

자, 그럼 추리 시작!

원숭이 엉덩이는?

빨개.

빨가면 사과

사과는 맛있어!

맛있으면 바나나

바나나는 길어!

길면?

길면…

이제 탐정을 해도 되겠어요!

그런데 왜 이렇게 졸음이….

흔들~ 흔들~

다음 폭포까지 잘 가세요!

감사합니다!

참 잘했어요

촤아악!

안녕! 난 스키를 가르치는 **코끼리** 선생님이야!

안녕하세요!

코끼리

어휴 추워!

휘이잉~

따뜻한 **코코아** 한 잔씩 마시고 하자!

코코아

여기 **쿠키**도 있어!

쿠키

우와, 맛있다!

자, 이제 **스키**를 배워 볼까?

네네! 선생님!

먼저, 스키를 뾰족한 산처럼 만들고! 이 모양이 유지되도록 타는 거야!

멈출 때는 뒤를 쫙! 벌려서 낮은 산을 만들면 돼!

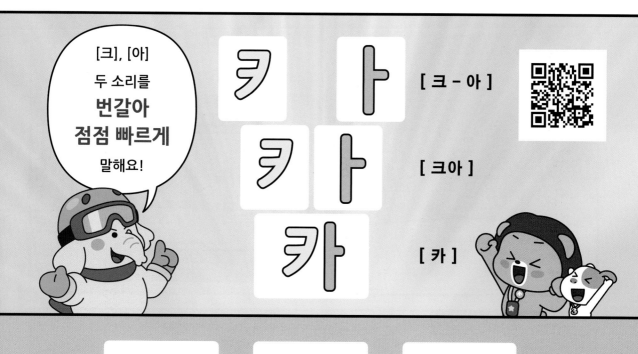

[크], [아] 두 소리를 **번갈아 점점 빠르게** 말해요!

ㅋ ㅏ [ 크 - 아 ]

ㅋ ㅏ [ 크아 ]

카 [ 카 ]

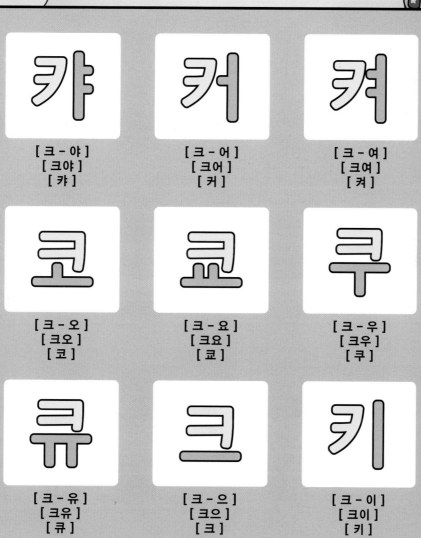

| 캬 | 커 | 켜 |
|---|---|---|
| [ 크 - 야 ] [ 크야 ] [ 캬 ] | [ 크 - 어 ] [ 크어 ] [ 커 ] | [ 크 - 여 ] [ 크여 ] [ 켜 ] |
| 코 | 쿄 | 쿠 |
| [ 크 - 오 ] [ 크오 ] [ 코 ] | [ 크 - 요 ] [ 크요 ] [ 쿄 ] | [ 크 - 우 ] [ 크우 ] [ 쿠 ] |
| 큐 | 크 | 키 |
| [ 크 - 유 ] [ 크유 ] [ 큐 ] | [ 크 - 으 ] [ 크으 ] [ 크 ] | [ 크 - 이 ] [ 크이 ] [ 키 ] |

 배운 대로 따라 읽어 보세요!

우선 감기 바이러스에
감염되지 않게!

마스크를 쓰자!

마스크

나와라!
마스크!

마스크

마스크

코와 입을
가리고 출발!

코

파이팅!

감사합니다!

# 카 캬 커 켜 코 쿄 쿠 큐 크 키

## 카 ~ 키 순서로 안전하게 이동하세요.

출발
카

커

켜

캬

코

키

커

쿠

켜

커브
조심

쿠

코

키

쿠

쿄

큐

코

코브라

코

카

크

키

도착

리어카

크로노사우루스

109

**스티커**를 붙인 이쯤에 다리가 있어!

현위치

스티커

시간 안에 통과하려면 빨리 가야 해.

헉! 너무 멀어!

걱정 마! 달리기 선수인 우리가 빨리 가는 법을 가르쳐 줄게!

깡충깡충 **토끼**처럼 점프를 뛰고!

토끼

길쭉길쭉 긴 다리 **타조**처럼!

타조

성큼성큼 나아가!

치타

그리고 지상에서 가장 빠른 **치타**처럼!

전속력으로 달려! 달려!

쌔앵~

저렇게 빨리 달려야 한다고?

걱정 마, 너희는 **오토바이**로 갈 거니까!

오토바이

우와, 고마워!

  [ 트 - 아 ]

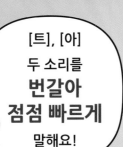

  [ 트아 ]

[트], [아]
두 소리를
**번갈아**
**점점 빠르게**
말해요!

 [ 타 ]

[ 트 - 야 ]
[ 트야 ]
[ 탸 ]

[ 트 - 어 ]
[ 트어 ]
[ 터 ]

[ 트 - 여 ]
[ 트여 ]
[ 텨 ]

[ 트 - 오 ]
[ 트오 ]
[ 토 ]

[ 트 - 요 ]
[ 트요 ]
[ 툐 ]

[ 트 - 우 ]
[ 트우 ]
[ 투 ]

[ 트 - 유 ]
[ 트유 ]
[ 튜 ]

[ 트 - 으 ]
[ 트으 ]
[ 트 ]

[ 트 - 이 ]
[ 트이 ]
[ 티 ]

배운 대로 따라 읽어 보세요!

115

보기 처럼 공통으로 들어가는 글자가 쓰여 있는 길로 가세요.

보기

버

모니터

텨

터

다리가 올라가기 전에 어서 가자!

요

리

터

트

탸

슈

셔츠

티

도

스트

토

리

투

통과!

참 잘했어요

# 피라미드

피라미드를 무사히 통과하는 게 이번 과제거든.

미라한테 안 들키고 통과하려면 **퓨마**의 숨는 기술을 배워야 해.

# 퓨마

**피부**랑 비슷한 색깔로 쏙!

# 피부

비슷한 **포즈**로 짠!

# 포 즈

정말 감쪽같아!

이제 미라한테 들킬
염려는 없으니
길 찾는 방법만
배우면 되겠어!

나가는 길을 찾기 위해서는
자음 ㅍ과 모음을 합쳐 읽는
방법을 알아야 해.

ㅍ + ㅏ ㅑ ㅓ ㅕ ㅗ
ㅛ ㅜ ㅠ ㅡ ㅣ

ㅍ의
소리는?

프

ㅍ

ㅏ의
소리는?

아

ㅏ

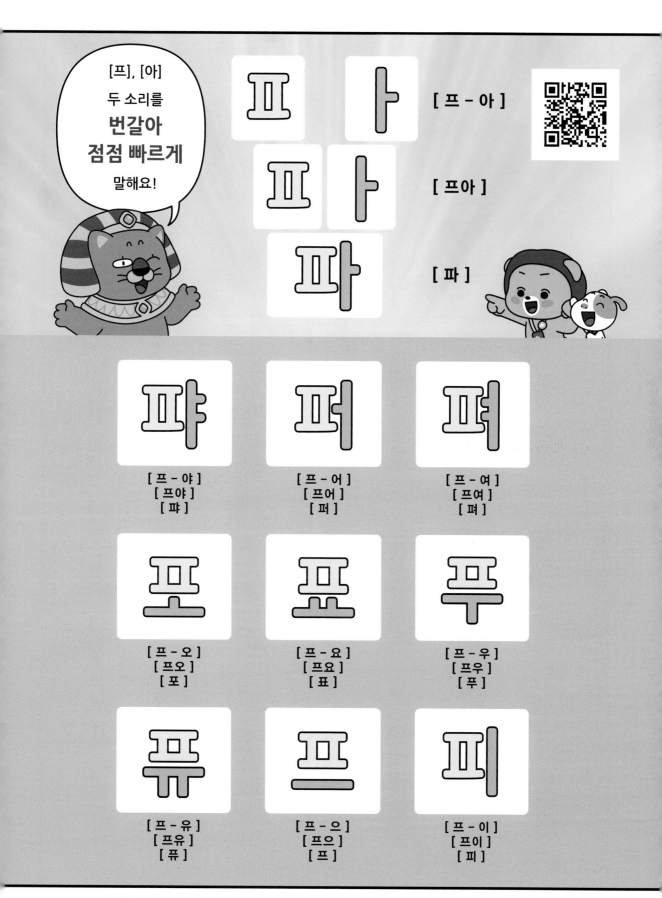

이런 **표시**가 나오면
그림에 알맞은 곳을
선택해서 가면 돼!

명심할게!
**퓨마**야, 고마워.

으… 처음부터
무시무시한데?

표시다!

파라오!

저리 가! 난 파라오가 아니라 풍이란 말이야!

풍...이...?

풍이!~~~

혁!

빨리 도망가자!

풍이~ 풍이~

으어어어…

# 낱말이 가리키는 화살표를 따라 피라미드를 탈출하세요.

127

128

다리를 무사히 건너려면 자음 ㅎ과 모음을 합쳐 읽는 방법을 알아야 해.

합쳐 읽기 시작!

ㅎ의 소리는?

흐

ㅏ의 소리는?

아

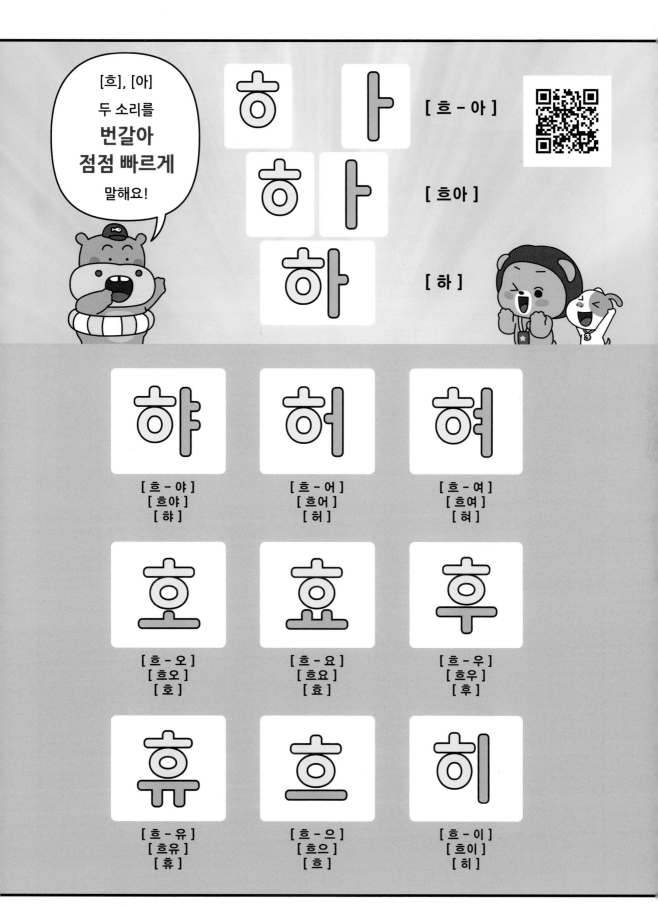

그림에 알맞은 낱말이 적힌 곳만 밟아 다리를 통과하세요.

| | | |
|---|---|---|
| 허모니카 | | 하모니카 |
| 히 | | 혀 |
| 흐터 | | 히터 |
| 후추 | | 휴추 |
| 효두 | | 호두 |
| 하트 | | 햐트 |
| 호루라기 | | 호르라기 |
| 혀수아비 | | 허수아비 |
| 햐프 | | 하프 |
| 허리띠 | | 허리티 |

하하하!
사자가 아니라
'상장'이라고
쓰여 있단다.

상장?

예~ 우리
상장 받는다!

이제 받침 없는 글자를
읽을 수 있어요!
축하해요~

아무리 봐도
사자 같은데….

# 정답

재밌게 놀았나요?
그렇다면 다 같이
정답을 확인해
보아요!

| 23쪽 | 28쪽 | 38쪽 |
|---|---|---|

| 46쪽 | 53쪽 | 63쪽 |
|---|---|---|

## 71쪽
그림 순서에 알맞은 표지판을 선택해 강을 건너세요.

출발 · 비버 · 비누 · 어부 · 아빠 · 바나나 · 바구니 · 보라 · 벼 · 뼈 · 보리 · 나무 · 나비 · 도착

## 76쪽
낱말을 읽고 순서대로 재료를 사 오세요.

**소라 ➡ 사이다 ➡ 무 ➡ 두부 ➡ 소스**

도착 · 출발

## 89쪽
보기 처럼 암호를 풀어 알맞은 길을 선택해 가세요.

보기: ㅈㅁㅜㅓㅣㄴ ➡ 주머니

출발 · 도착

## 94쪽
예시

치와와 탐정님의 추리하는 모습을 보시겠습니다.

보리랑 물이라…. 이 둘로 만들 수 있는 건 바로 보리차!

보리차

그림에 어울리는 것을 추리하여 줄로 이으세요.

사다리차 · 마차 · 초

## 109쪽
**카 캬 커 켜 코 쿄 쿠 큐 크 키**

카 ~ 키 순서로 안전하게 이동하세요.

출발 · 커브조심 · 리어카 · 코브라 · 크로노사우루스 · 도착

## 117쪽
보기 처럼 공통으로 들어가는 글자가 쓰여 있는 길로 가세요.

보기: 버 · 모니터

다리가 올라가기 전에 어서 가자!

터 · 터 · 요리 · 터 · 트 · 타 · 티 · 셔츠 · 슈 · 도 · 스트 · 리 · 토 · 투

통과!

## 127쪽
낱말이 가리키는 화살표를 따라 피라미드를 탈출하세요.

예시

포즈도로 · 워리야, 이쪽이야! · 출발 · 피소파포 · 포크로스 · 지구도퍼 · 트로피아라노마 · 도착

## 134쪽
그림에 알맞은 낱말이 적힌 곳만 밟아 다리를 통과하세요.

| | |
|---|---|
| 허모니카 | 하모니카 |
| 히 | 혀 |
| 흐터 | 히터 |
| 후추 | 휴추 |
| 효두 | 호두 |
| 하트 | 햐트 |
| 호루라기 | 호르라기 |
| 혀수아비 | 허수아비 |
| 햐프 | 하프 |
| 허리띠 | 허리티 |

똑같은 자음이 2개 있는 쌍자음!
쌍둥이처럼 2배로 힘차게 소리 내어 읽어 보세요.

ㄲ ㅏ　[ 끄 – 아 ]

ㄲㅏ　[ 끄아 ]

까　[ 까 ]

[끄], [아]
두 소리를
**번갈아
점점 빠르게**
말해요!

— 한 글자씩 크게 소리 내어 읽어 보세요. —

ㄲ
[ 끄 ]

까 꺄 꺼 껴 꼬
꾜 꾸 뀨 끄 끼

 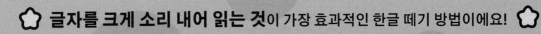 글자를 크게 소리 내어 읽는 것이 가장 효과적인 한글 떼기 방법이에요!

| ㄸ [ 뜨 ] | 따 | 땨 | 떠 | 뗘 | 또 |
| | 뚀 | 뚜 | 뜌 | 뜨 | 띠 |

| ㅃ [ 쁘 ] | 빠 | 뺘 | 뻐 | 뼈 | 뽀 |
| | 뾰 | 뿌 | 쀼 | 쁘 | 삐 |

| ㅆ [ 쓰 ] | 싸 | 썌 | 써 | 쎠 | 쏘 |
| | 쑈 | 쑤 | 쓔 | 쓰 | 씨 |

| ㅉ [ 쯔 ] | 짜 | 쨔 | 쩌 | 쪄 | 쪼 |
| | 쬬 | 쭈 | 쮸 | 쯔 | 찌 |

※ 초등학교 1학년 국어 교과서에 수록된 받침 없는 쌍자음 낱말이에요.

🖊 낱말을 크게 소리 내어 읽고 알맞은 그림에 연결하세요.

두꺼비 ·

코끼리 ·

아저씨 ·

머리띠 ·

☆ 글자를 크게 소리 내어 읽는 것이 가장 효과적인 한글 떼기 방법이에요! ☆

그림에 알맞은 낱말을 찾아 보기 처럼
선으로 잇고 크게 소리 내어 읽어 보세요.

보기

미꾸라지

씨

아빠

오빠

도끼

토끼

까투리

까치

뿌리

꼬리

지도 가이드   낱말과 그림을 함께 보며 모두 읽어 보도록 지도해 주세요.

**신나는 한글 마법 여행**
**마법한글딱지**
③ 받침 없는 글자편

글·그림 │ 재미씨

1판 1쇄 발행 │ 2022년 12월 15일
개정판 1쇄 발행 │ 2024년 10월  9일

기획·디자인·편집·제작 │ 재미씨
펴낸곳          │ ㈜ 재미씨
제조국          │ 대한민국
출판등록       │ 제 2016-000094호
전자우편       │ CS@jaemicci.com
홈페이지       │ www.magicddakji.com
주소            │ 06641 서울특별시 서초구 사임당로 90
                       2층 203호 (서초동)
전화            │ 02-521-1112
팩스            │ 02-521-1113

\* 주의사항 : 제품을 입에 물지 않도록 사용 시 주의하시기 바랍니다.
               책 모서리에 부딪히거나 종이에 베이지 않도록 주의하세요.

\* 잘못 만들어진 책은 구입하신 곳에서 교환해 드립니다.